AF382232

LA BATALLA DE INGLATERRA

El combate aéreo que salva a los ingleses

Por Thierry Grosbois
En colaboración con Thomas Jacquemin
Traducido por Marina Martín Serra

Historia 50MINUTOS.es

LA BATALLA DE INGLATERRA

DATOS CLAVE

- **¿Cuándo?** Del 10 de julio al 31 de octubre de 1940.
- **¿Dónde?** En Gran Bretaña.
- **¿Contexto?** La Segunda Guerra Mundial (1939-1945).
- **¿Beligerantes?** La Alemania nazi contra Gran Bretaña.
- **¿Principales protagonistas?**
  - Winston Churchill, primer ministro británico (1874-1965).
  - Hugh Dowding, mariscal de la Royal Air Force británica (1882-1970).
  - Hermann Goering, mariscal alemán (1893-1946).
- **¿Resultado?** Victoria británica.
- **¿Víctimas?**
  - Bando alemán: 1733 aviones abatidos.
  - Bando británico: 915 cazas abatidos y más de 450 muertos en las filas de la RAF, así como

14 280 civiles asesinados y 20 325 heridos.

INTRODUCCIÓN

La batalla de Inglaterra, destinada a preparar la invasión de Gran Bretaña prevista para principios de otoño de 1940 y pospuesta varias veces por Adolf Hitler (1889-1945), es un gigantesco combate aéreo como nunca antes se ha visto en la historia. El objetivo del Führer, reconfortado por el optimismo del mariscal Goering, es destruir en pocas semanas las fuerzas aéreas británicas de modo que la travesía de la Mancha y el desembarco de las tropas terrestres sean más fáciles, asegurando así la victoria completa del nazismo en Europa occidental. Cuando Gran Bretaña haya sido sometida, el canciller alemán desea volcar sus ejércitos hacia el Este para llevar a cabo un ataque masivo contra la URSS que programa para la primavera de 1941. De este modo, se cumpliría la visión descrita en *Mein Kampf* —la obra programática escrita por Hitler en 1923— de una Europa alemana en la que se eliminaría el comunismo y se reduciría a la esclavitud a Europa del Este. Esta visión supone el desarrollo de una guerra relámpago (*Blitzkrieg*) como estrategia militar en el Oeste y luego en el Este, ya que Alemania no tiene las capacidades económicas ni militares para apoyar una guerra más larga.

En este momento, a principios de julio de 1940, Gran Bretaña es la última democracia europea que le planta cara a una Alemania nazi entonces victoriosa. En la escena política inglesa, sin embargo, se ha producido un punto de inflexión crucial tras la dimisión del primer ministro Neville Chamberlain (1869-1940), un hombre de paz, reemplazado el 10 de mayo de 1940 —el mismo día del inicio de la ofensiva alemana en el Oeste— por un partidario de la guerra abierta, Winston Churchill. Este último refuerza su autoridad gracias a la victoria de la batalla de Inglaterra.

CONTEXTO

LA GUERRA DE BROMA

Tras el ataque alemán contra Polonia sin declaración de guerra previa del día 1 de septiembre de 1939, Francia y Gran Bretaña declaran la guerra a Alemania el 3 de septiembre. A su vez, unos días más tarde, los dominios británicos (Canadá, Australia y Nueva Zelanda) entran en el conflicto. Las colonias francesas y británicas también participan en el esfuerzo de guerra. En Europa, en cambio, muchos países pequeños se mantienen neutrales, y cabe destacar que algunos serán atacados por Alemania en abril y mayo de 1940. Hay que esperar hasta el 10 de junio de 1940 para que la Italia de Mussolini (estadista italiano, 1883-1945) entre en guerra al lado de Alemania.

El Ejército polaco es derrotado a principios de octubre de 1940, aun cuando el Ejército soviético había iniciado la ocupación de Polonia oriental el 17 de septiembre, en aplicación del Pacto de No Agresión germano-soviético. Estas regiones, igual que los tres Estados bálticos, serán ocupadas y luego anexionadas a la URSS.

A pesar de los acontecimientos inquietantes que se producen en Polonia, durante el otoño de 1939 y el invierno de 1940 el frente occidental está marcado por la pasividad y por el inmovilismo de los Estados Mayores y de los Gobiernos franco-británicos, derrotistas y socavados por el pacifismo del periodo de entreguerras.

El 9 de abril de 1940, Alemania invade la Dinamarca neutral, que decide no resistir, y ataca Noruega, sin declaración de guerra previa. Algunas tropas franco-británicas desembarcan rápidamente en Noruega, pero deberán dejar el país a partir del 10 de junio a causa del inicio del ataque alemán en el Oeste. La campaña alemana en Escandinavia permitirá el abastecimiento en mineral de hierro sueco de alta calidad para la industria de guerra alemana durante toda la guerra.

Tras haberse asegurado una victoria relámpago en Polonia y Escandinavia, Hitler vuelve a sus ejércitos hacia el Oeste, mediante un ataque iniciado el 10 de mayo de 1940 y dirigido a la vez contra los Países Bajos, Bélgica, Luxemburgo y

Francia. La *Blitzkrieg*, basada en una combinación de las fuerzas terrestres apoyadas sobre una concentración de tanques y de fuerzas aéreas, aplasta en pocas semanas a Francia y sus aliados.

El 16 de junio de 1940, el Gobierno Reynaud es reemplazado por el Gobierno dirigido por el mariscal Pétain (1856-1951), el héroe de Verdún (febrero-diciembre de 1916), que decide firmar un tratado de paz con Alemania. El armisticio franco-alemán se firma en Rethondes el 22 de junio de 1940. Sin embargo, oponiéndose a esta decisión, el general De Gaulle (1890-1970) denuncia las condiciones del armisticio y proclama la Francia Libre. Gran Bretaña y su imperio se encuentran ahora solos frente a la Alemania nazi, a pesar de que la mayor parte de los Gobiernos de los países europeos ocupados se han instalado en Londres.

| Firma del armisticio franco-alemán en 1940.

GRAN BRETAÑA SOLA CONTRA EL NAZISMO

Después de la caída de Francia, el Tercer Reich está en la cima de su poder militar y político en Europa. Muchos países neutrales de Europa y América Latina optan por mantener relaciones amistosas con la Alemania nazi. Las poblaciones de los países ocupados, todavía bajo el choque psicológico de la *Blitzkrieg* y de las victorias sucesivas alemanas, adoptan en su mayoría una actitud pragmática o a la expectativa, tratando de adaptarse al nuevo orden alemán. Otros, menos numerosos, entran en la Resistencia en 1940. Por su parte, Stalin (estadista soviético, 1878-1953) trata de evitar que la Unión Soviética se involucre en una guerra en Europa, y multiplica los signos de buena voluntad para con el Tercer Reich. En los Estados Unidos, la corriente aislacionista sigue siendo muy fuerte, especialmente en el lado del Partido Republicano, y la opinión pública se muestra reticente a una intervención militar directa de los Estados Unidos en el conflicto. El presidente Franklin Roosevelt (1882-1945) debe ganar tiempo, sobre todo porque las elecciones presidenciales se celebrarán en noviembre de 1940. Los estadounidenses, sin embargo, están consternados por la derrota de Francia y el peligro que pesa sobre Gran Bretaña, cuya rendición les parece inimaginable.

Decidido a luchar con el apoyo de la Commonwealth, el Gobierno presidido por Winston Churchill obstaculiza los planes de Hitler. El canciller alemán, en efecto, habría deseado aplastar rápidamente a Gran Bretaña para redirigir sus fuerzas contra la URSS y evitar luchar en dos frentes a la vez. Así pues, la batalla de Inglaterra puede poner en peligro la serie de éxitos ininterrumpidos logrados por Hitler en su voluntad de expansión territorial desde 1936.

Sin embargo, a pesar de las numerosas victorias logradas en Europa desde los Acuerdos de Múnich de 1938, Hitler duda en iniciar una guerra total contra Inglaterra. Consciente de que solo no podrá someter a todo el Imperio británico, espera obtener una paz de compromiso con ella, porque el colapso de su imperio solo sería beneficioso para dos potencias emergentes: los Estados Unidos y Japón.

LOS ACUERDOS DE MÚNICH

Tras la llegada al poder de Hitler en 1933, Alemania emprende un esfuerzo de rearme intensivo, destinado a modificar la relación de fuerzas en Europa. En 1936, el Ejército alemán vuelve a ocupar Renania, violando así una de las cláusulas del Tratado de Versalles (28 de junio de 1919). Ese año, Alemania entra en economía de guerra y emprende una política expansionista en Europa central, para volver a su rango de potencia mundial, frente a la URSS y a los países anglosajones.

Ante estas violaciones manifiestas del Tratado de Versalles, Francia y Gran Bretaña se mantienen pasivas, lo que facilita que Alemania anexione Austria en marzo de 1938. A continuación, Hitler reclama la anexión de los Sudetes, una región germanófona de Checoslovaquia. El primer ministro británico, Neville Chamberlain —que lleva a cabo una política de apaciguamiento, destinada a evitar la guerra a cualquier precio y a ganar tiempo para garantizar el rearme británico—, negocia directamente con Hitler y lleva con él el apoyo del presidente del Consejo Francés, Édouard Daladier (1884-1970).

El 29 de septiembre de 1938, Mussolini, Hitler, Chamberlain y Daladier firman los Acuerdos de Múnich que conceden los Sudetes a Alemania, anexionados a partir del 1 de octubre. La última democracia parlamentaria de Europa central, principal aliada de Francia, cae así sin dificultad en la zona de influencia alemana.

El Führer también tiene otro proyecto. Quiere

acabar con el Pacto de No Agresión que lo une a la URSS atacándola por sorpresa. Si sale victorioso de esta ofensiva, podría adquirir en el Este el espacio vital necesario para el despliegue de los arios. Sin embargo, para realizar un proyecto de este tipo, primero debe obtener la paz en el Oeste para evitar la lucha en dos frentes. Informa de ello a su entorno más cercano, que trata de disuadirlo.

El 19 de julio, ante el Reichstag (cámara legislativa alemana), el Führer sugiere que estaría dispuesto a negociar la paz con Gran Bretaña. El primer ministro Winston Churchill no se molesta en responder, pero Lord Halifax (1881-1959), secretario de Estado del Ministerio de Asuntos Exteriores, rechaza el requerimiento de Hitler mediante un mensaje radiofónico transmitido por la BBC. El 31 de julio, Hitler decide aplazar el asalto contra la URSS para la primavera de 1941, con el fin de aplastar a Gran Bretaña y obligarla a firmar la paz. Con todo, las ofertas de paz del canciller alemán no encuentran eco en Londres, más dispuesta a la guerra abierta desde el nombramiento de Winston Churchill como primer ministro. Este último logra galvanizar a la opinión pública británica y mundial mediante discursos memorables, e inmediatamente busca el apoyo militar y político de los Estados Unidos, a pesar de haber declarado su neutralidad en el conflicto.

ACTORES PRINCIPALES

WINSTON CHURCHILL, PRIMER MINISTRO BRITÁNICO

| Retrato de Winston Churchill.

Nacido en 1874 en el palacio de Bleinheim (Oxfordshire), Winston Churchill nace en el seno de una familia aristocrática. Es descendiente directo de John Churchill (general inglés, 1650-1722), primer duque de Marlborough. Su padre, Randolph Churchill (1849-1895), un político conservador y atípico, fallece cuando es relativamente joven.

Muy pronto, Winston Churchill opta por la carrera militar, con la esperanza de encontrar la gloria. En 1899, se convierte en un personaje célebre al ejercer de corresponsal de guerra en Sudáfrica, donde es hecho prisionero. Tras escaparse, se lanza a la política y se convierte en primer lord del Almirantazgo (ministro de la Marina) en 1911. Durante su mandato, refuerza la Marina de guerra británica, que se convierte en la más poderosa del mundo alrededor de 1914. Con todo, en 1915 debe dimitir tras el fracaso del desembarco de Galípoli (25 de abril de 1915-9 de enero de 1916).

LA BATALLA DE LOS DARDANELOS

La campaña de Galípoli (riba europea de los

Dardanelos), también conocida por el nombre de batalla de los Dardanelos, enfrenta a los británicos y a los franceses contra los otomanos, y resulta un verdadero desastre. En efecto, los turcos, aliados de los alemanes, habían sido subestimados por los británicos y los franceses, que esperaban hacerse rápidamente con el único acceso al mar Negro desde el Mediterráneo para apoyar el esfuerzo consentido en el frente del Este. Su resistencia implacable y la falta de preparación de las tropas sientan las bases de un fracaso rotundo para los Aliados, que tendrá importantes consecuencias en la escena política inglesa.

Aunque no es el único responsable de este fracaso, Winston Churchill pierde su puesto, y debe contentarse con comandar un batallón del Ejército regular británico hasta el final del primer conflicto mundial.

En 1916, comanda un batallón de infantería en el frente occidental. Vuelve a la política y, a partir de 1917, ejerce varias funciones ministeriales. Es canciller del Echiquier (ministro de Finanzas) entre 1924 y 1929. A continuación, se le margina poco a poco durante los años treinta, ya que está a contracorriente de las aspiraciones de paz de la mayoría de la opinión pública británica. Con todo, se esfuerza por denunciar el peligro del nazismo y apoya fervientemente al rearme. En septiembre de 1939, cuando estalla la guerra, Neville Chamberlain lo llama para que ejerza de nuevo sus antiguas funciones ministeriales a la cabeza del Almirantazgo. Ministro enérgico, conocido por sus competencias militares y sus convicciones antinazis, se convierte en primer ministro el 10 de mayo de 1940. A pesar de sus esfuerzos, no logra convencer a Francia para continuar el combate transatlántico tras la pérdida del territorio metropolitano. Con todo, Winston Churchill elige combatir y rechaza las ofertas de paz de Adolf Hitler. El canciller alemán, que no puede aceptar esta situación, decide lanzar a principios de julio de 1940 la batalla de Inglaterra para someter al último verdadero enemigo del Tercer Reich en Europa.

Durante la guerra, Winston Churchill acumula las funciones de primer ministro y de ministro de Defensa. Pierde las elecciones legislativas de 1945, que llevan al poder a una mayoría absoluta laborista, bajo la dirección de Clement Attlee (estadista británico, 1883-1967). De nuevo, ejerce el cargo de primer ministro, con una débil mayoría conservadora, en 1953, y deja la política activa dos años después, por razones de salud. Fallece en 1965, a la edad de 90 años.

HUGH DOWDING, MARISCAL DE LA ROYAL AIR FORCE BRITÁNICA

| Retrato de Hugh Dowding.

Hugh Dowding, nacido en 1882 en Escocia, es un apasionado de la aviación. Desde que tiene la edad requerida, se inscribe en la Academia Militar de Sandhurst, en la que obtiene el título de oficial. A continuación, sirve en la artillería.

En 1913, tras haber obtenido su título de piloto, entra en el Royal Flying Corps. A partir del año siguiente, participa en los primeros combates aéreos de la batalla de Francia. Después de la guerra, desempeña un papel importante en la formación de la Royal Air Force (RAF) y apoya al desarrollo de la aviación de caza. En 1929, se convierte en vicemariscal de la RAF y, en 1933, en mariscal. También es ennoblecido.

En mayo de 1940, presintiendo que su país será el próximo objetivo de los ataques aéreos alemanes, se opone a Winston Churchill, que desea ayudar a Francia enviando más escuadrillas de combate y acaba convenciéndolo de que conserve las reservas de la RAF para la defensa del territorio inglés. Como jefe del mando de la RAF, adopta una estrategia defensiva muy hábil durante la batalla de Inglaterra, utilizando con moderación sus cazas, al tiempo que se preocupa mucho por la vida de sus pilotos. Así, consigue evitar la eliminación por parte de la Luftwaffe (aviación alemana) de las fuerzas aéreas británicas, y hace que sea prácticamente imposible que se produzca un desembarco alemán.

Retirado en 1942, a partir de 1943 será reconocido como el principal artífice de la batalla de Inglaterra, y se le recompensará por ello con el título de lord. Entonces, lo sustituye el mariscal Charles Portal (1893-1971), partidario de los bombardeos estratégicos de largo alcance, que inaugura una nueva era en la aviación militar.

Hugh Dowding fallece en 1970.

HERMANN GOERING, MARISCAL ALEMÁN

| Retrato de Hermann Goering.

Nacido en 1893 en Rosenheim (Baviera), Hermann Goering es un niño perezoso y poco disciplinado en el colegio. Entonces, su padre lo envía a la Escuela de Cadetes de Karlsruhe, de la que sale en 1911 con notas excelentes.

Hermann Goering se convierte en oficial del Ejército imperial, y participa en los combates de 1914 en la infantería. Posteriormente, su solicitud para entrar en una escuadrilla de caza es aceptada, y se le destina a una de estas unidades. Poco a poco, acumula las victorias en combate aéreo, y se convierte en uno de los mejores pilotos de la Aviación Imperial. Cuando Alemania es derrotada, se opone públicamente a los comunistas y a los republicanos que buscan conquistar el poder. La justicia lo busca, por lo que se ve obligado a exiliarse primero en Dinamarca y luego en Suecia. En 1922, en Múnich, se afilia al Partido Nacionalsocialista tras un encuentro con su fundador, Adolf Hitler.

Comandante de las secciones de asalto, participa en el golpe de Estado fallido de Múnich el 8 de noviembre de 1923, del que sale herido. Se cura con la ayuda de la morfina, que se convierte en una verdadera droga para él. Es amnistiado y vuelve a Alemania en 1927, donde se pone al servicio del Partido Nazi para recaudar fondos para la industria alemana. En 1928 el partido lo elige diputado por Baviera, y dos años después es reelegido.

Tras las elecciones legislativas de 1932, se convierte en presidente del Reichstag. Ministro del Interior en el primer Gobierno de Hitler en 1933, deja que las tropas de asalto se venguen de los oponentes. Funda los primeros campos de concentración y crea una policía política, la Gestapo, que pasa a estar bajo la responsabilidad de Heinrich Himmler (político alemán, 1900-1945) en 1934.

Ministro del Aire en 1933, dos años después es nombrado comandante supremo de la Luftwaffe. Con este título preside la batalla de Inglaterra en 1940, prometiéndole al canciller que aplastará al Ejército del Aire británico en tan solo unas pocas semanas. Puesto que no logra alcanzar sus objetivos, Hitler lo aparta a un lado, al tiempo que su popularidad cae, a causa de la incapacidad de la Luftwaffe para hacerse con el control del espacio aéreo europeo, sobre todo contra los bombardeos aliados sobre las ciudades alemanas.

En 1945, es condenado a muerte durante los Juicios de Núremberg, a causa de su participación en los crímenes cometidos por el nazismo. Se suicida en su celda en 1946, poco antes de su ejecución.

ANÁLISIS DE LA BATALLA

UNA BATALLA AÉREA EN VARIAS FASES

El 2 de julio de 1940, Adolf Hitler inicia, a regaña-dientes, una lucha total contra los británicos, a los que considera primos de los arios germánicos. Su objetivo inicial consiste en imponer la paz por la fuerza a Gran Bretaña para que los Ejércitos alemanes puedan volcarse contra la URSS, sin deber luchar simultáneamente en dos frentes. Antes de que la guerra empiece, el Führer tenía el proyecto de vencer a Gran Bretaña mediante una guerra submarina con el objetivo de aislarla de sus fuentes de abastecimiento. Sin embargo, el mariscal Hermann Goering se compromete a aniquilar la cobertura aérea británica mediante ataques masivos de la Luftwaffe.

A mediados de julio —muy tarde—, Hitler da instrucciones a los Estados Mayores terrestres y marítimos para preparar el desembarco de una decena de divisiones en las costas inglesas, que tendrá lugar en otoño de 1940. Para tener éxito en esta operación llamada Seelöwe (que en alemán significa «león marino»), el control del cielo parece indispensable. Así pues, la batalla aérea, que se intensifica sobre Inglaterra durante el verano de 1940, no es más que una operación preparatoria para este futuro desembarco terrestre.

| Formación de bombarderos alemanes en aguas inglesas en 1940.

Tres Ejércitos aéreos con base en Noruega, los

Países Bajos, Bélgica y el norte de Francia llevan a cabo la acción contra Inglaterra. Se trata de 3196 aviones, entre los cuales se encuentran varias escuadrillas italianas. Sin embargo, la aviación alemana tiene dos grandes debilidades: los Stukas y los bombarderos. Los primeros son bombarderos en picado que habían sembrado el terror en las carreteras de Polonia y de Francia en 1939 y en 1940, y que resultan vulnerables frente a los aviones de caza ingleses. Así pues, rápidamente quedan fuera de combate para servir de apoyo a las tropas de invasión. Por su parte, los bombarderos alemanes, concebidos para un empleo táctico, son rápidos, pero están mal armados y son frágiles. En efecto, los principales bombarderos alemanes solamente pueden cargar dos toneladas de bombas, lo que les impide realizar bombardeos estratégicos de gran amplitud, como los que, durante la segunda mitad de la guerra, llevarán a cabo los aparatos americanos y británicos con un amplio alcance.

La campaña aérea alemana contra Inglaterra implica tres fases sucesivas, que muestran dudas del alto mando alemán en cuanto a los objetivos estratégicos que se persiguen:

- la primera fase (del 10 de julio al 18 de agosto) prioriza los ataques contra los convoyes de barcos mercantes en la Mancha y el hostigamiento de los puertos del sur de Inglaterra, destinados a atraer a los cazas ingleses hacia una trampa para eliminarlos, una condición previa indispensable para destruir a la Royal Navy;
- la segunda fase (del 24 de agosto al 27 de septiembre) procede de la decisión de Hitler de concentrar el ataque en la ciudad de Londres. Pretende abrir un pasillo aéreo en dirección a Londres eliminando la aviación encargada de proteger la capital y destruyendo los aeropuertos, de forma que se pueda llevar a cabo un bombardeo masivo de la ciudad, destinado a desmoralizar a la población británica;
- la tercera fase, que deriva del fracaso de la Luftwaffe en su destrucción de la aviación británica y del aplazamiento del desembarco terrestre, tiene el objetivo de concentrar, a ciegas, los bombardeos sobre Londres y sobre las grandes ciudades.

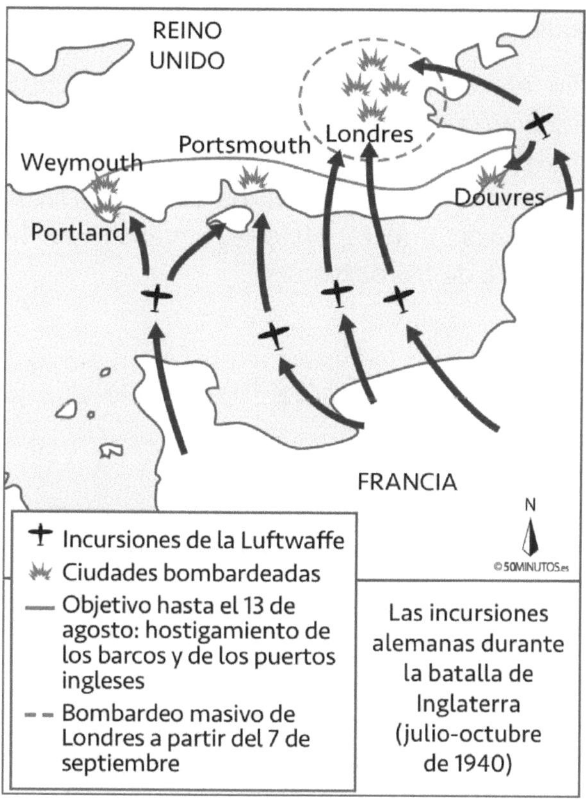

¿Sabías que...?

Aunque la batalla empieza oficialmente el 10 de julio, Alemania no espera hasta esta fecha para llevar a cabo sus primeros ataques en las islas británicas.

En efecto, el 4 de julio, se organiza una incursión de gran envergadura en la isla de Portland que, en pocos minutos, provoca el hundimiento de un barco de la DCA (Defensa Contra Aviones), causando la muerte de 176 personas.

UN ATAQUE DE LOS PUERTOS CATASTRÓFICO

Mientras que la batalla de Inglaterra empieza el 10 de julio, los ataques se intensifican a partir del 8 de agosto. Para asfixiar la economía británica, la Luftwaffe multiplica las incursiones aéreas sobre los convoyes marítimos con oleadas de cientos de aviones. Los días 11 y 12 de agosto, los puertos de Portland, de Weymouth, de Douvres y de Portsmouth son bombardeados de forma intensiva. Se destruye una estación de radar, y cuatro otras resultan dañadas. Aunque se podría pensar que la situación es favorable para los alemanes, las pérdidas de la Luftwaffe (286 aparatos) son superiores a las de la Royal Air Force británica (150 aparatos). Por consiguiente, el mariscal Hermann Goering, que busca una victoria franca y decisiva, lanza nuevos ataques masivos con el objetivo de aplastar la defensa aérea del sudeste y del norte de Gran Bretaña.

El 13 de agosto, proclamado «Día del Águila», es una jornada decisiva. Cuatro ataques alemanes sucesivos golpean las defensas del sudeste, mientras que algunas escuadrillas que salen de Noruega buscan alcanzar el norte, que Hermann Goering cree —erróneamente— que no está defendido por los cazas. Estas escuadrillas son las que sufren las mayores pérdidas, hasta el punto de que casi son eliminadas de la batalla. De hecho, el mariscal del Aire Hugh Dowding previamente se había ocupado de repartir a los cazas británicos en el sur y en el norte del territorio, por lo que la RAF surge cada vez en el sitio apropiado, gracias a la información que recibe de las estaciones de radar, y logra sembrar el caos en las formaciones aéreas enemigas. Así, del 13 al 23 de agosto, la Luftwaffe pierde 190 aviones, mientras que los cazas británicos pierden 114.

En paralelo —y a pesar de la debilidad de los medios de los que dispone el Bomber Command—, la RAF continúa con sus bombardeos en los puertos franceses y belgas de la Mancha, donde se concentran los barcos y las tropas alemanas destinadas al desembarco.

UN ERROR QUE CAMBIA EL CURSO DE LA GUERRA

Tras las primeras pérdidas sufridas, el mariscal Hermann Goering modifica su estrategia y decide concentrar las operaciones en los aeropuertos, en la industria aeronáutica y en la aviación enemiga. Para reducir las pérdidas, el número de bombarderos se rebaja, mientras que las escoltas de cazas se refuerzan. Ahora hay cinco cazas para cada bombardero.

La noche del 24 de agosto, Londres es bombardeada por error, y esto conmociona profundamente a la población. Inmediatamente después de estos acontecimientos, Winston Churchill decide responder y ordena que la noche siguiente se lleve a cabo una incursión aérea espectacular sobre Berlín.

Entre el 24 de agosto y el 3 de septiembre, la Luftwaffe lleva a cabo una campaña de bombardeos en los aeródromos y las fábricas de aviación durante la que los alemanes pierden 380 aviones, mientras que los británicos lamentan la pérdida de 286 cazas. Así, las fuerzas británicas se agotan poco a poco y, el 4 de septiembre, los ingleses ya solo disponen de 706 cazas. El punto de ruptura de la defensa aérea está a punto de alcanzarse, ya que el reemplazo de las tripulaciones y del material difícilmente compensa las pérdidas sufridas. En este momento crucial, Hermann Goering, desdeñando la opinión de sus subordinados, modifica de nuevo sus planes y decide pasar a la ofensiva concentrando ahora los bombardeos en Londres.

| Foto de Londres tras el bombardeo de la ciudad.

El 15 de septiembre es el día en el que los ataques sobre la capital son más violentos. Resultan afectados el centro de la ciudad, la City, el palacio real, los establecimientos públicos, los hospitales y las iglesias, a los que se apunta a ciegas. Con todo, aunque la metrópoli resulta dañada, la moral de la población no decae, sino todo lo contrario: la voluntad británica de continuar con la guerra se afirma cada vez más, y Winston Churchill se convierte en su símbolo.

Sorprendentemente, el ataque de la ciudad tiene un efecto positivo sobre la Royal Air Force: al detener sus bombardeos sistemáticos de las instalaciones aeroportuarias y de las estaciones de radares, los alemanes le dan a la aviación británica la oportunidad de reponer fuerzas. Además, la Luftwaffe sufre nuevas pérdidas, por lo que la relación de fuerzas se reequilibra poco a poco.

UN DESEMBARCO APLAZADO

Así pues, la situación cada vez es más crítica para Alemania, que ve comprometerse su Operación Seelöwe, con la intensificación de los bombardeos ingleses sobre los puertos donde se concentran las fuerzas de invasión. Tras la jornada del 15 de septiembre, la Luftwaffe empieza a llevar a cabo bombardeos durante la noche, demostrando que ya no logra controlar el espacio aéreo de día, algo que, sin embargo, era su objetivo principal. Esta decisión obliga a aplazar las operaciones de desembarco en la costa inglesa. El 3 de septiembre, la invasión se había programado para el día 21; no obstante, el 17 de septiembre, ante el fracaso de la batalla aérea, el desembarco se aplaza para más adelante.

Asimismo, a causa —sobre todo— de la escasez de chalanas y de transportes de tropas, la Marina alemana solamente puede desembarcar a 11 divisiones durante las primeras oleadas. Las operaciones también deben replantearse: ahora, tendrán que escalonarse a lo largo de tres días y limitarse a una parte de la costa inglesa. En estas condiciones, y sin control del cielo, el Estado Mayor alemán considera que la Operación Seelöwe es irracional. El 12 de octubre, Hitler la aplaza definitivamente para la primavera de 1941, con la mente ya centrada en la preparación de campañas militares de envergadura contra la URSS y en el Norte de África a partir de 1941. Mientras tanto, la gran cantidad de barcos movilizados para la invasión se destinan a la industria, a las pesquerías y a los transportes marítimos y fluviales.

UN EJÉRCITO BRITÁNICO QUE CADA VEZ ES MÁS FUERTE

Por su parte, Gran Bretaña puede contar con las valiosísimas semanas que gana en verano de 1940 gracias a la resistencia aérea de la RAF, que le permite reforzar su defensa terrestre:

- así, se puede crear la Home Guard, que reúne a hombres no movilizables. Esta formación tiene la misión de proteger el territorio apoyándose en miembros que, además de realizar su trabajo, ayudan al ejército en las misiones de vigilancia y de guardia, permitiendo que los movilizados perfeccionen su instrucción;
- a las mujeres también se les pide que cumplan misiones de las que se exime a los soldados, como los trabajos de oficina, los servicios operativos de los aeródromos, los servicios de salud y de información, etc.

Así pues, a principios de octubre, el mando británico metropolitano dispone, además de la Home Guard destinada a la vigilancia de las costas, de 13 divisiones y de 3 divisiones blindadas. Tras la catástrofe de la campaña de Francia y la repatriación de Dunkerque, el Ejército británico, reequipado y entrenado, ahora puede contrarrestar al enemigo.

BOMBARDEOS QUE AFECTAN LAS GRANDES CIUDADES

Puesto que no puede controlar el cielo durante el día, los bombardeos nocturnos de la Luftwaffe sobre Londres se vuelven cotidianos de octubre a noviembre. Los daños materiales son importantes, pero la flema británica permite evitar la desorganización de la vida cotidiana.

La Luftwaffe, que dispone de bases aéreas en Francia, extiende progresivamente su esfera de acción mediante bombardeos en el interior de Gran Bretaña y sobre los convoyes marítimos. Después de mediados de noviembre, sus ataques están más espaciados, pero siguen siendo muy mortíferos. Así, el 14 y el 15 de noviembre, el bombardeo de Coventry provoca la muerte de 400 personas y destruye todo el centro de la ciudad, incluyendo la catedral. El 9 de diciembre, Londres sufre un ataque aéreo durante 24 horas.

| Foto tomada tras el bombardeo de Coventry.

Sin embargo, a pesar del carácter mortífero de los ataques aéreos sobre la población civil, estas incursiones destinadas a extender el terror tienen el efecto contrario y galvanizan el espíritu de resistencia británico contra los nazis.

Del 10 de julio hasta mediados de noviembre de 1940, en el momento más importante del Blitz (periodo de bombardeo de Gran Bretaña), la Luftwaffe pierde 1818 aparatos, mientras que la RAF pierde un 50 % menos. Asimismo, los británicos lamentan menos pérdidas de pilotos que los alemanes ya que estos últimos, al combatir por encima de territorio enemigo, no pueden recuperar a los que caen prisioneros. Además, a partir del verano de 1940 los británicos cuentan con refuerzos de pilotos aliados: franceses, polacos, checos, belgas, canadienses y neozelandeses refuerzan las filas de la RAF y constituyen incluso escuadrillas autónomas por nacionalidad. En el lado alemán, los excelentes pilotos que participan en el comienzo de la guerra son reemplazados gradualmente por jóvenes que, aunque están bien entrenados, no tienen suficiente experiencia de combate, lo que los hace vulnerables.

Durante los primeros meses de 1941, los ataques alemanes siguen, aunque a un ritmo más lento que en otoño de 1940; con todo, la invasión próxima de la URSS explica el periodo de calma entre los ataques, que cada vez están más espaciados. Las fuerzas aéreas alemanas se concentran ahora en el frente oriental, donde la *Blitzkrieg* que Hitler espera llevar a cabo se convertirá en una guerra de desgaste.

UNA VICTORIA ABRUMADORA

El éxito británico en la batalla de Inglaterra se explica por el uso combinado de los cazas aéreos, de los radares y de la defensa antiaérea (DCA). La concentración de cazas británicos durante los ataques de las formaciones enemigas, así como su rapidez, son responsables del fracaso de la ofensiva aérea alemana.

Asimismo, el fracaso alemán también puede explicarse por otras causas:

- la dispersión de los esfuerzos de la Luftwaffe;
- las modificaciones de los objetivos estratégicos alemanes a lo largo de las fases decisivas de la batalla, bajo el impulso de Goering y de Hitler;
- la ausencia de efecto de masa, que habría permitido concentrar un número importante de aparatos en objetivos estratégicos;
- la ausencia de un bombardero pesado de largo alcance y capaz de asumir cargas más importantes.

La batalla de Inglaterra también es un éxito tecnológico. La maniobrabilidad y la rapidez del caza Spitfire, utilizado por pilotos valientes y valerosos, hacen que este aparato se convierta en legendario.

REPERCUSIONES

GRAN BRETAÑA INVICTA

Tras la batalla de Inglaterra, la Alemania nazi debe decidirse, a principios de otoño de 1940, a posponer el desembarco en el territorio británico, puesto que la Luftwaffe no consigue controlar el espacio aéreo británico durante el día. Con todo, la invasión de Gran Bretaña no se producirá nunca, ya que, durante la primavera de 1941, Adolf Hitler prioriza el ataque sorpresa contra la Unión Soviética. Además, la defensa terrestre y aérea británica se refuerza a partir de finales de verano de 1940, lo que equilibra la relación de fuerzas y complica más las posibilidades de éxito de un desembarco alemán.

LA IMPLICACIÓN PROGRESIVA DE LOS ESTADOS UNIDOS

La victoria británica durante la batalla de Inglaterra, totalmente inesperada, le permite a Winston Churchill convencer a los Estados Unidos para que ayuden a Gran Bretaña en su lucha contra el nazismo. A partir de julio de 1940, empieza a llegar discretamente armamento estadounidense, ciertamente obsoleto. En septiembre, el presidente Franklin Roosevelt acepta ceder a la Royal Navy 50 destructores, que necesita urgentemente para proteger a los convoyes marítimos en el Atlántico. Y con razón: a los Estados Unidos les interesa mantener el control del Atlántico Norte, por lo que deben proporcionar a Gran Bretaña el armamento y el equipamiento indispensable para continuar la lucha.

Estas entregas abren la vía a la adopción, por parte del Congreso estadounidense, de la Ley de Préstamo y Arriendo (Lend-Lease Act) el 11 de marzo de 1941, que permite que el presidente ceda el equipamiento necesario a todos los países cuya defensa los Estados Unidos consideran vital. Después de la guerra, los mecanismos de financiación del préstamo y arriendo servirán como modelo para el Plan Marshall de ayuda a Europa, lanzado en 1947. Este plan, ideado por el general George Marshall (1880-1959), secretario de Estado, concede una ayuda financiera y económica a los países europeos democráticos, con la condición de que la reconstrucción económica se lleve a cabo en el marco de la promoción de la unidad europea.

El esfuerzo de guerra de Gran Bretaña y de sus aliados sale reforzado, puesto que ya no depende de limitaciones financieras inmediatas. Asimismo, la batalla de Inglaterra permite fortalecer la posición del presidente Franklin Roosevelt, reelegido por un tercer mandato en noviembre de 1940. Durante el otoño de 1940, la corriente aislacionista empieza a perder terreno en la opinión pública norteamericana, que poco a poco se da cuenta de que la libertad y la independencia de los Estados Unidos depende de la lucha de Gran Bretaña por las suyas.

EL RETORNO DE LA ESPERANZA PARA LOS PAÍSES OCUPADOS

La batalla de Inglaterra es un punto de inflexión psicológico clave en los países ocupados durante el otoño de 1940 y en 1941. Mientras que, durante el verano de 1940, los ánimos estaban abatidos o complacientes frente al poder nazi, el hecho de que un país pueda prestarle resistencia ofrece ahora una luz de esperanza a los partidarios de la libertad y de la democracia. Asimismo, el establecimiento de la explotación económica sistemática de los países ocupados, a menudo en detrimento del suministro de las poblaciones civiles, desata la cólera de la opinión pública contra el ocupante. Así, los primeros movimientos de resistencia nacen en la Europa ocupada durante el otoño de 1940.

LAS DEBILIDADES DE LA LUFTWAFFE

A partir de 1940, la Luftwaffe pierde la supremacía aérea en Europa, tal como lo demuestra el bombardeo aéreo británico sobre Berlín durante la noche del 28 al 29 de agosto, que conmociona a la población alemana y el Führer. Las pérdidas materiales de la derrota aérea alemana acontecidas en el espacio aéreo británico en 1940 serán irreparables para el Eje posteriormente: en 1940 y en 1941, las fuerzas aéreas del Tercer Reich pierden varios miles de aparatos y el mismo número de pilotos altamente cualificados, lo que hipoteca gravemente el porvenir. Con todo, tras la victoria de Gran Bretaña, la Alemania nazi tiene que encargarse parcialmente de la cobertura aérea del Mediterráneo, a causa de las debilidades de la aviación italiana.

A partir del 22 de junio de 1941 —fecha del ataque de la URSS por parte de Alemania—, en el Este se abre un segundo frente, muy amplio, que la Luftwaffe se esfuerza por cubrir. A pesar de la pérdida de numerosos aeródromos soviéticos durante las primeras semanas del ataque, la Luftwaffe nunca logrará eliminar la aviación soviética, especialmente porque, tras su entrada en guerra, la URSS se beneficia de una ayuda material substancial de Gran Bretaña y de los Estados Unidos gracias a la Ley de Préstamo y Arriendo.

EL FIN DE LAS VICTORIAS DEL NAZISMO EN EUROPA

La batalla de Inglaterra, gracias a la victoria defensiva británica que asegura, impide que la Alemania nazi termine su *Blitzkrieg* en el Oeste a través de una victoria defensiva. Con todo, Alemania no puede soportar una guerra más larga. Asimismo, el ataque contra la Unión Soviética de junio de 1941, que abre un segundo frente, transforma la guerra europea en guerra

mundial, reduciendo todavía más las posibilidades de victoria total del nazismo en Europa.

EN RESUMEN

1939

1 sept.: inicio de la
Segunda Guerra Mundial

1940

***10 jul.*: inicio de la batalla
de Inglaterra**

13 ag.: Día del Águila

24 ag.: bombardeo por error de Londres

7 sept.: desencadenamiento del Blitz

15 sept.: bombardeo violento de Londres

***31 oct.*: fin oficial de la batalla
de Inglaterra**

14-15 nov.: bombardeo de Coventry

1941

21 may.: fin del Blitz

1945

8 may.: fin de la Segunda Guerra
Mundial en Europa

- En 1940, Alemania ataca a muchos países europeos, sin que los Estados Mayores ni los Gobiernos franco-británicos reaccionen realmente, a pesar de haberle declarado la guerra. Pero el 10 de mayo, el Führer decide atacar simultáneamente los Países Bajos, Bélgica, Luxemburgo y Francia, y en pocas semanas aplasta a Francia y sus aliados. Así, a partir de ese momento, Gran Bretaña está sola frente a la Alemania nazi.

- A pesar de que Alemania sugiere varias veces que estaría dispuesta a negociar la paz —con el fin de concentrar sus fuerzas en el ataque de la URSS—, el secretario de Estado del Ministerio de Asuntos Exteriores, Lord Halifax, rechaza la propuesta. Incapaz de aceptar esta situación, el canciller alemán decide poner en marcha, a principios de julio de 1940, la batalla de Inglaterra para someter al último enemigo principal del Tercer Reich en Europa.

- Así pues, el 2 de julio de 1940, a regañadientes, Adolf Hitler se embarca en una lucha total contra los británicos. Para el otoño de 1940 se prevé un desembarco pero, para llevarlo a cabo, debe obtener el control de los cielos a toda costa. Así, el ataque aéreo de Gran

Bretaña puede comenzar.

- Aunque en un principio los únicos objetivos debían ser los buques mercantes y los puertos del sur de Inglaterra, los planes de ataque cambian rápidamente, algo que se repetirá a lo largo de toda la batalla, tras fracasar en la destrucción de la RAF británica. Entonces, los aeropuertos, la industria aeronáutica y la aviación británica se ven afectados.

- No obstante, durante la noche del 23 de agosto, Londres es bombardeada por error. Profundamente conmocionado, Churchill decide replicar y ordena que se lleve a cabo un ataque aéreo espectacular en Berlín durante la noche siguiente. El 4 de septiembre Hitler, furioso, decide arrasar las grandes ciudades británicas. La batalla se convierte en un asunto personal para el Führer.

- El 17 de septiembre, Hitler se ve obligado a posponer la Operación Seelöwe, ante el fracaso de la batalla aérea.

- Durante los primeros meses de 1941, los ataques alemanes se espacian cada vez más. El reto ahora es concentrar las fuerzas en el frente oriental. Además, las pérdidas de la Luftwaffe son cada vez más importantes, mientras que los británicos reciben la ayuda de los Aliados.

- El 21 de mayo de 1941 se produce el último bombardeo alemán de envergadura sobre Gran Bretaña. La batalla termina con una derrota de los alemanes.

¡Tu opinión nos interesa!
¡Deja un comentario en la página web de tu
librería en línea,
y comparte tus favoritos en las redes sociales!

PARA IR MÁS ALLÁ

FUENTES BIBLIOGRÁFICAS

- Baudot, Marcel y Henri Bernard. 1977. *Encyclopédie de la guerre 1939-1945*. Tournai: Casterman.

- Bédarida, François. 1985. *La bataille d'Angleterre*. Bruselas: Complexe.

- Churchill, Winston. 1954. *Mémoires sur la Deuxième Guerre mondiale*. Bruselas-París: Plon.

- d'Andurain, Julie, Patrick Bouhet, Jean-Claude Delhez, Michel Goya, Pierre Grumberg, Laurent Henninger, Pierre Jardin, Jean Lopez, Yasha Maclasha y Rémy Porte. 2014. "50 idées reçues sur la Grande Guerre". *Guerres & Histoire*, n.º 18, 32-69.

- de Lespinois, Jérôme. 2011. *La bataille d'Angleterre. Juin-octobre 1940*. París: Tallandier.

- Facon, Patrick. 1992. *La bataille d'Angleterre. La bataille aérienne décisive de l'histoire*. París: Economica.

- Kersaudy, François. s. f. *Hitler*. París: Librairie académique Perrin.

- Liddell Hart, Basil Henry. 1985. *Histoire de la Seconde Guerre mondiale*. Verviers: Marabout.

- Overy, Richard J. 1980. *The Air War. 1939-1945*.

Londres: Europa.

- Wright, Robert. 1969. *Dowding and the Battle of Britain*. Londres: Military Book Society.

FUENTES COMPLEMENTARIAS

- Azéma, Jean-Pierre y François Bédarida. 1995. *1938-1948. Les années de tourmente. De Munich à Prague. Dictionnaire critique*. París: Flammarion.

- Durand, Yves. 1997. *Histoire générale de la Deuxième Guerre mondiale*. Bruselas: Complexe.

- Kaspi, André. 2010. *Chronologie commentée de la Seconde Guerre mondiale*. París: Perrin.

- Roberts, Andrew. 2014. *La tormenta de la guerra*. Madrid: Siglo XXI de España Editores.

FUENTES ICONOGRÁFICAS

- Firma del armisticio franco-alemán en 1940. La foto reproducida está libre de derechos.

- Retrato de Winston Churchill. La foto reproducida está libre de derechos.

- Retrato de Hugh Dowding. La foto reproducida está libre de derechos.

- Retrato de Hermann Goering. La foto reproducida está libre de derechos.

- Formación de bombarderos alemanes en aguas inglesas en 1940. © German Federal Archives.

- Foto de Londres tras el bombardeo de la ciudad. © US Government.

- Foto tomada tras el bombardeo de Coventry. © Imperial War Museums.

PELÍCULA

- *La batalla de Inglaterra.* Dirigida por Guy Hamilton, con Harry Andrews, Michael Caine y Trevor Howard. Gran Bretaña: Spitfire Productions, 1969.

MUSEOS

- El Museo Imperial de la Guerra, en el aeródromo de Duxford, Gran Bretaña.

- El Museo Real del Ejército (sección aérea), en Bruselas, Bélgica.

- El Spitfire & Hurricane Memorial Museum, en Manston, Gran Bretaña.

- El Museo de Historia Militar del Ejército, en Berlín, Alemania.